RÉPERTOIRE GÉNÉRAL

DU

CONTENTIEUX

de la Procédure et de la Jurisprudence

EN MATIÈRE DE DOUANES.

Par M. DE BEILAC,

Contrôleur des Douanes,

ANCIEN PREMIER COMMIS DE DIRECTION.

DEUXIÈME SUPPLÉMENT.

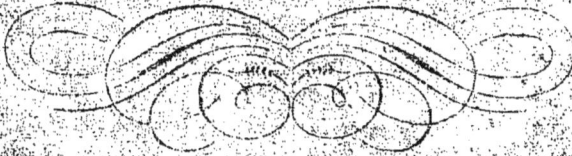

HAVRE.

IMPRIMERIE DE CARPENTIER ET COMPAGNIE,

RUE DE LA HALLE, N° 20.

MAI 1853.

1845. — TABLEAU DES CONTRAVENTIONS.

T. 1er, page 12, supprimer l'article 26 *bis* (s. n° 1758).

Page 39, supprimer l'article 154; pages 51 et 52, supprimer les articles 224 à 225.

Substituer les dispositions suivantes :

1° à l'article 38 du tableau des contraventions,

38. — Importation en fraude, par la voie de mer, de *poudre étrangère*. — V., selon le cas, les articles 1, 19, 20 ou 21. (*Décret du 1er mars* 1852; *circ. n° 17.*);

2° à l'article 46 du même tableau,

46. — Importation en fraude, par terre, de poudre étrangère. — V., selon le cas, les articles 1, 19, 20 ou 21. (*Décret du 1er mars* 1852; *circ. n° 17.*)

265. — Au lieu de *ord. du* 16 *août* 1842, copier l'article suivant : (*Loi du 31 mai* 1846, *art.* 19) pour les pénalités encourues en cas d'infraction, V. le n° 1892.

295 *bis*. — Absence, rature, altération ou dissimulation des marques énonçant le nom et le port d'attache des bâtiments ou embarcations exerçant une navigation maritime. *Art.* 6 *du décret du* 19 *mars* 1852. Amende de 100 francs à 300 francs, si le bâtiment est armé au long-cours; de 50 francs à 100 francs, s'il est armé au cabotage, et de 10 francs à 50 francs, s'il est armé à la petite pêche. (*Trib. cor.*, *V. le n°* 1861.)

1846. — 334, 2e alinéa. — ACTE CONSERVATOIRE.

La troisième division n'intervient que lorsque les affaires ont pris, par la rédaction d'un procès-verbal, un caractère contentieux. Jusque-là les affaires sont uniquement de la compétence de la première division (à moins qu'il ne s'agisse de primes); et c'est sous le timbre de cette division que doivent être adressées à l'administration, les copies des actes conservatoires. Il convient qu'elles lui parviennent en même temps que les échantillons. (*Lettre de l'adm. du* 27 *mars* 1852.)

334 *bis*. — Les cartes d'échantillons à soumettre aux experts du gouvernement, doivent présenter l'uniformité la plus complète : les

2e SUP.   1 liens, en gros fil gris à coudre, doivent, comme les cachets, être placés conformément au modèle, et il est recommandé au service d'exclure rigoureusement les signes quelconques ou les mentions particulières qui pourraient faire reconnaître de quelles fabriques sortent les produits ou quels sont les expéditeurs. (*Circ. du 5 août 1851, n° 2450.*)

1847. — Acte de Francisation et Congés.

340 *bis.* — Ces pénalités doivent être appliquées pour défaut de représentation d'un congé qui a été délivré, aussi bien que dans le cas où il n'a pas été levé de congé. (*Déc. adm. du 18 déc. 1851.*)

1848. — Capitaines.

485 *bis.* — Les capitaines peuvent toutefois exercer leur recours contre les gens de l'équipage, auteurs de la fraude. (*Décret du 24 mars 1852, art. 71*), V. *recours.*

1849. — Conclusions.

578 *bis.* — C'est un terme de palais, par lequel on désigne les demandes formées en justice, contre une partie adverse.

On appelle aussi conclusions en matière civile (ou *réquisitoire* en matière criminelle), l'opinion émise par le ministère public, dans les causes où il porte la parole.

Enfin, en matière de douanes, on nomme également conclusions, la partie finale des procès-verbaux, contenant la *citation* et l'exposé des condamnations encourues.

Si les verbalisants n'avaient pas indiqué avec exactitude les pénalités, ou les articles de lois applicables, le receveur poursuivant peut, à l'audience, demander la réformation des conclusions du procès-verbal. Il le fait en déposant de nouvelles conclusions.

On trouvera ci-après un modèle auquel les employés pourront apporter les modifications que les circonstances de l'affaire exigeront.

On doit, par des conclusions spéciales, requérir l'application de la contrainte par corps, dans les cas où la loi l'autorise.

Les conclusions doivent être libellées sur papier timbré : elles ne sont pas soumises à la formalité de l'enregistrement.

Modèle de Conclusions.

Conclusions dans l'affaire. . . . . .

Attendu que le procès-verbal rédigé le . . . . . par les employés de la brigade de . . . . . constate . . . . . (exposé de l'affaire);

Qu'ainsi il résulte des faits y relatés, une contravention aux articles . . . . . des lois des . . . . . ;

Le receveur des douanes soussigné conclut à ce qu'il plaise au tribunal (ou à M. le juge de paix du canton de . . . . .) :

1° Prononcer la confiscation des marchandises saisies ainsi que des moyens de transport, lesquels consistent en . . . . . ;

2° Condamner les sieurs . . . . . , prévenus, à l'emprisonnement, à l'amende de . . . . . , au décime et aux dépens ;

Le tout conformément aux articles de lois précités ;

Enfin à ce qu'il lui plaise également de fixer à . . . . . la durée de la contrainte par corps.

1850. — CONDUCTEURS. — 583, 8ᵉ alinéa.

Il n'y a pas lieu de requérir la confiscation des chevaux ou le paiement d'une somme égale à la valeur des moyens de transport dont il aurait été fait remise, lorsque les conducteurs de voitures publiques ont placé sous la main de la justice le propriétaire des marchandises de fraude. (*Déc. adm. du 14 octobre* 1852). V., au surplus, les mots *Moyens de Transport.*

1851. — CONTRAVENTIONS.

624 *bis.* — Lorsque plusieurs contraventions de compétences diverses sont simultanément constatées contre le même individu, on doit rédiger autant de procès-verbaux qu'il y a de juridiction à saisir, en commençant par celui qui doit être déféré au juge de paix. (*Déc. adm. du 17 octobre* 1842, *rec. lith. n.* 126). V. Compétence.

En cas de saisie de marchandises soumises à des régimes répressifs différents, on requiert l'application des amendes que comporte chacune des infractions, alors même que le contrevenant est justiciable d'un même tribunal, pour l'un et l'autre fait (mais dans ce cas il n'est rédigé qu'un seul procès-verbal. (*Déc. adm. du 10 juillet* 1851). V. Cumul des amendes, n. 395.

1852. — CONTREFAÇONS.

633 *bis.* — Le gouvernement a conclu, les 28 août 1843 et 5 novembre 1850 avec la Sardaigne ; le 12 avril 1851 avec le Portugal
et le 3 novembre de la même année avec l'Angleterre, des conventions pour la garantie réciproque, dans chacun des états, de la propriété des ouvrages d'art, d'esprit ou de littérature.

Ces dénominations comprennent les publications d'écrits, de
compositions musicales, de dessins, de peintures, de gravures, de
sculptures et d'autres productions analogues.

Voici les dispositions des conventions précitées, qui se rattachent
au contentieux.

Sardaigne. — La nationalité des ouvrages d'art et d'esprit d'origine sarde, ainsi que celle des ouvrages de même genre rédigés en
langue italienne, sera établie au moyen de certificats. (*Traité du
5 novembre* 1850, *art.* 2.)

Si les certificats ne sont pas produits les ouvrages seront retenus
par le service des douanes qui dressera sur papier timbré, procès-
verbal de la retenue. V., pour les formalités à observer, la circ. du
12 février 1851, n. 2425 ;

L'introduction et la vente en France de contrefaçons d'ouvrages
définis ci-dessus sont prohibés, lors même que les contrefaçons auraient été faites dans un pays étranger. (*Traité du 28 août 1843,
art.* 6.)

En cas de contravention, la saisie des contrefaçons sera opérée
et les tribunaux appliqueront les peines déterminées par la loi pour
l'introduction de *marchandises prohibées.* (*Même traité, art.* 7.)

Portugal. — Les ouvrages d'esprit ou d'art venant de Portugal
en France et les livres en langue portugaise expédiés en transit ou
par transbordement de France à destination du Portugal, devront
être accompagnés de certificats d'origine. (*Décret du 27 août* 1851,
circ. n. 14.)

L'introduction et la vente d'ouvrages contrefaits sont interdites
en France. (*Même décret ; convent. du* 12 *avril* 1851, *art.* 8.)

Toute importation en France d'ouvrages en langue portugaise,
illégalement reproduits est punissable des peines qui seraient en-

courues s'il s'agissait de *marchandises prohibées. (Même conv., art.* 9, *et même décret.)*

Le défaut de production des certificats de nationalité rend applicables les dispositions de l'art. 9, qui précèdent. (*Circ. du* 17 *mars* 1852, *n.* 14.)

Aux termes du même article 9 la moitié de l'amende recouvrée appartiendra au Trésor, l'autre moitié sera au profit des capteurs. (*Même circ.*)

Angleterre. — Sont interdites l'importation et la vente en France de toute contrefaçon d'ouvrages publiés en Angleterre, que ces contrefaçons soient originaires du pays où l'ouvrage a été publié ou bien de toute autre contrée étrangère. (*Conv. du 3 novembre* 1851, *art.* 6 ; *décret du 22 janvier* 1852.)

Tous les ouvrages illégalement reproduits dans des pays tiers, présentés à l'importation ou au transit seront saisis et détruits, et les individus coupables de ces contraventions seront passibles des peines et poursuites prescrites pour introduction de *marchandises prohibées.* (*Même conv. art.* 7, *et décret du 25 mars* 1852, *art.* 2.)

1853. — COURRIERS.

654 *bis.* — Il convient de constater, par un procès-verbal distinct, la saisie des marchandises renfermées dans chaque lettre ou paquet. (*Déc. adm. du* 4 *fév.* 1851.)

1854. — DÉCLARATIONS. — 664, 2e alinéa.

L'immunité des droits ne dispense pas le commerce de l'accomplissement des obligations qui lui sont imposées, en ce qui concerne les déclarations. (*Circ. du* 10 *mai* 1851, *n°* 2436.)

1855. — DROITS D'ENREGISTREMENT.

742. — Remplacer les deux premiers alinéas par les dispositions suivantes :

Jugements des juges de paix, prononçant des amendes et confiscations, etc. (*Matière civile*) ; *loi du* 22 *frimaire an* 7, *art.* 68, § 2, *n°* 5, *circ. du* 6 *oct.* 1852, *n°* 66.) .... 2 francs.

Jugements en matière de police. (Même loi, déc. min. du 24 juillet 1830 ; circ. n° 1218 et 66.................. 1 franc.

Il n'est dû qu'un droit sur un jugement, prononçant en même

temps des amendes et des confiscations (*circ. n° 1218*), même dans le cas d'intervention d'un ou plusieurs co-prévenus condamnés ou acquittés. (*Déc. du direct. de l'enreg. du 5 avril* 1831.)

747 *bis*. — Droit d'enregistrement des devis (droit fixe 2 francs.

Les devis ne sont assujettis à l'enregistrement, que lorsqu'ils ont le caractère d'un marché. (*Circ. lith. du* 14 *fév.* 1852.)

1855 *bis*. — FAILLITES.

835 *bis*. — Les primes d'exportation dues à un failli, peuvent être retenues en atténuation de sa dette envers le trésor. A cet effet, le receveur réclame, outre l'acquit du syndic de la faillite, un extrait du jugement qui confère ladite qualité à ce dernier. (*Déc. adm. du* 1er *août* 1851.)

1856. — 840. 3e §.— FAUSSES DÉCLARATIONS.

L'article 21, titre 2, de la loi du 22 août 1791, n'énonce explicitement que la qualité et l'espèce des marchandises ; mais, d'après les termes du 2e paragraphe (rapprochés des dispositions de l'article 9 du titre 2 de la même loi), il est évident qu'aux yeux du législateur, il y a infraction dans le sens du premier de ces articles lorsque les marchandises sont faussement déclarées comme étant de la *provenance* voulue pour qu'elles soient admises à un droit réduit ou à une immunité quelconque. (*Jug. du trib. civ. du Havre, des* 23 *déc.* 1842 *et* 1er *mars* 1844 ; *rec. lith. n*° 129.)

1857. — FRAIS.

867 *bis*. — V. aux mots *Partie civile*, les dispositions relatives aux frais pouvant tomber à la charge de l'administration, soit qu'elle agisse comme partie civile, soit que, dans le cours d'une action intentée par le ministère public, elle intervienne pour faire adjuger à son profit, les amendes édictées par les lois spéciales en matière de douanes.

1858. — IMPORTATIONS. — 895, 2e alinéa.

On doit dresser sur papier libre un procès-verbal constatant les circonstances relatives à la découverte d'une embarcation échouée sur le littoral, hors de l'enceinte des ports, et suspecte d'avoir contribué à la consommation de versements frauduleux. On le remet ensuite, s'il y a lieu, au ministère public, pour servir de base à une information judiciaire qui rentre dans ses attributions (N° 1068). (*Déc. adm. du 9 juin* 1851.)

895 *bis.* — L'embarcation qui accoste un navire ancré en rade, et revient avec des marchandises de fraude, tombe sous l'application de l'article 34 de la loi du 28 avril 1818, bien que celles-ci aient été découvertes avant d'avoir touché la terre ferme. (*Jug. du trib. cor. de Toulon, du 30 septembre* 1851.)

1859. — INDICATEUR.

919. — Remplacer le dernier alinéa par les dispositions suivantes :

L'employé de l'administration des postes, dont les premières indications ont mis sur la voie d'un fait de fraude relatif au transport des lettres et des journaux, doit être rétribué d'un tiers du produit net comme pour avis direct. (*Déc. adm. du 5 janvier* 1850.)

Cette allocation est soumise au prélèvement des 25 °/₀ au profit de la caisse des retraites. (*Déc. du* 1ᵉʳ *octobre* 1849.)

La part des indicateurs est affranchie de la retenue des 25 °/₀ au profit de la caisse des retraites (à moins que ces indicateurs ne fassent partie d'une administration financière. (*Déc. adm. des* 28 *déc.* 1829, *et* 1ᵉʳ *déc.* 1849.) V. Répartitions, n° 1351.

921 *bis.* — Le brigadier qui transmet un avis direct aux préposés sous ses ordres sans participer lui-même à la saisie, reçoit une part de chef. Quand l'avis direct a été transmis par un lieutenant, celui-ci a droit à une part de saisissant. (*Déc. adm. des 30 mai* 1851 *et* 18 *juin* 1852.)

Lorsqu'un même avis a été transmis par plusieurs employés, il ne peut leur être alloué qu'une part collective et non individuelle de saisissant. Elle doit être calculée d'après la part afférente au grade de celui des ayant-droit placé dans la position hiérarchique la plus élevée, sauf à être subdivisée entre eux, dans la proportion de leurs droits respectifs. (*Déc. adm. des* 17 *juin et* 15 *sept.* 1851.)

1860. — LIBRAIRIE.

977 *bis.* — Il vient d'être conclu, avec plusieurs puissances étrangères, des traités ayant pour objet la garantie réciproque de la propriété des œuvres d'esprit et d'art : comprenant la publication d'écrits, de compositions musicales, de gravures, de lithographies.

ou de toutes autres productions analogues et même des œuvres de peinture et de sculpture. V. les dispositions de ces traités au mot *Contrefaçons*, n° 1852.

1861. — MARQUES DES BATIMENTS.

1047. — Supprimer le premier alinéa de cet article, qui doit être remplacé par les dispositions suivantes :

Le nom et le port d'attache de tout bâtiment ou embarcation exerçant une navigation maritime, seront marqués à la poupe, en lettres blanches de huit centimètres au moins de hauteur, sur fond noir, sous peine d'une amende de cent à trois cents francs, si le bâtiment est armé au long-cours ; de cinquante à cent francs, s'il est armé au cabotage, et de dix à cinquante francs, s'il est armé à la petite pêche.

Défense est faite, sous les mêmes peines, d'effacer, altérer, couvrir ou masquer lesdites marques. (*Décret du* 19 *mars* 1852, *art.* 6.)

Ces amendes seront prononcées solidairement tant contre les capitaines, maîtres ou patrons, que contre les armateurs des bâtiments ou embarcations. (*Même décret, art.* 11.)

1047 *bis.* — Les agents des douanes sont appelés à constater les infractions prévues par l'article 6 du présent décret ; elles seront poursuivies à la diligence du ministère public et aussi des commissaires de l'inscription maritime, devant le tribunal correctionnel du lieu où elles auront été constatées. (*Décret du* 19 *mars* 1852, *art.* 7, 8 *et* 10.)

Les procès-verbaux des agents des douanes feront foi jusqu'à inscription de faux ; ils devront être signés et affirmés (à peine de nullité) dans les trois jours de leur clôture, par-devant le juge de paix du canton ou l'un de ses suppléants, ou par-devant le maire ou l'adjoint, soit de la résidence de l'agent instrumentaire, soit de celle où le délit a été constaté. (*Même décret, art.* 9.)

Le cinquième des amendes, est dévolu aux agents des douanes, lorsqu'ils ont constaté la contravention ; mais cette allocation ne peut excéder 25 francs pour chaque infraction. (*Même décret, art.* 11). V. pour la répartition, le n° 1686.

1862. — MARQUES DE FABRIQUES.

1048 *ter.* — Aux termes de l'article 17 du traité conclu le 12 avril 1851, entre la France et le Portugal, la contrefaçon des marques de fabrique est assimilée à la contrefaçon des œuvres d'art. Elle donne lieu à l'application des pénalités qui seraient encourues s'il s'agissait d'importation de *marchandises prohibées*. (*Art. 9 du traité; décret du 27 août 1851; circ. n° 14.*)

1863. — MOYENS DE TRANSPORT. — 1086, 2° alinéa.

Les chevaux de *poste* conduisant des voyageurs ne doivent pas être saisis pour faits de fraude imputables à ces derniers. (*Déc. du 30 oct. 1838; rec. lith. n° 24.*)

Même numéro, 4° alinéa. — Il n'y a pas lieu de requérir la confiscation des chevaux ou le paiement d'une somme égale à la valeur des moyens de transport dont il aurait été fait remise, lorsque les conducteurs de voitures publiques ont placé sous la main de la justice le propriétaire des marchandises de fraude. (*Déc. adm. du 14 oct. 1852.*)

1864. — PARTIE CIVILE. — 1141, 4° alinéa.

Lorsqu'une administration intervient spontanément, en vertu d'une loi de finances, au cours d'une action intentée dans l'intérêt de la vindicte publique et dans laquelle elle n'est point engagée comme partie civile, afin, par exemple, de faire prononcer à son profit les amendes édictées par les lois des 13 fructidor an 5, et 22 pluviôse an 13 (sur les détentions d'armes ou de munitions de guerre), cette administration ne doit supporter que les frais nécessités par son intervention et rien de plus. Dans ces sortes d'actions les magistrats doivent faire une juste répartition des frais. (*Circ. du 28 sept. 1852, n° 64.*)

1865. — PÊCHE DU HARENG.

Annuler les articles 1159 et 1160 qui sont remplacés par les dispositions suivantes :

1159. — Les produits de la pêche française du hareng, avec salaison à bord, rapportés des parages de la Grande-Bretagne et des côtes de France, seront admis à l'immunité des droits aux époques ci après, savoir :

Produits de la pêche dite d'*Écosse*, du 1er août au 30 septembre;

Produits de la pêche dite d'*Yarmouth*, et de celle faite sur les côtes de France, du 1er octobre au 31 décembre.

Néanmoins, aucun bateau pêcheur français ne pourra être expédié plus d'une fois dans la même année pour la pêche d'Écosse. (*Décret du 28 mars 1852, art. 1er.*)

Seront réputés de pêche étrangère et soumis aux droits du tarif général

1° Les harengs salés importés des parages de la Grande-Bretagne et des côtes de France à toutes autres époques que celles déterminées par l'article 1er ;

2° Les harengs frais et salés importés à quelque époque que ce soit de tous autres parages ;

3° Les harengs frais rapportés du 1er janvier au 31 juillet, soit des parages de la Grande-Bretagne, soit des côtes de France, lorsque le bateau pêcheur français qui les rapportera aura été absent d'un port de France pendant plus de trois jours. (*Même décret art. 3.*)

Les ports ouverts à l'importation des harengs salés de pêche française seront désignés par un décret.

Il sera formé dans chacun de ces ports une commission permanente composée d'agents de la marine et des douanes, laquelle sera chargée de constater, au départ, la régularité de l'armement des bateaux pêcheurs ; et, à leur retour, de procéder à la vérification des opérations auxquelles ils se seront livrés, ainsi qu'à celle de l'origine des harengs déclarés être le produit de la pêche nationale.

La commission, en cas de dissidence parmi ses membres, relativement à l'origine du poisson rapporté, sera tenue de requérir la nomination, par le juge de paix du canton, de deux experts jurés, qui procèderont, concurremment avec elle, à une expertise légale. Ces experts auront voix délibérative.

Les décisions des commissions seront sans appel.

Les commissions auront la faculté de n'admettre en franchise qu'à titre provisoire les chargements pour lesquels l'immunité sera réclamée. Toutefois, cette immunité deviendra, de plein droit, définitive, si la décision prise n'a pas été révoquée dans le délai de quarante-cinq jours. (*Même décret, art. 4.*)

Des décrets détermineront la composition et les détails des attributions des commissions locales instituées en vertu de l'article 4 ci-dessus. (*Même décret, art.* 5.)

Tout achat ou tentative d'achat, toute introduction ou tentative d'introduction de harengs de pêche étrangère, par un bateau français armé pour la pêche, entraînera la saisie de tout le poisson qui se trouvera à bord, ainsi que celle du bateau, de ses agrès, apparaux et ustensiles de pêche. L'armateur, en cas de complicité, sera condamné à une amende de cinq cents francs à deux mille francs.

Dans le cas de condamnations prononcées par les tribunaux, le patron du bateau saisi et les hommes de l'équipage pourront être levés par mesure de discipline, pour le service de la flotte ; ils y seront maintenus pendant un an au moins et trois ans au plus, avec réduction du tiers de la solde intégrale pour les officiers mariniers et les quartiers-maîtres, et du quart pour les matelots et les novices. Toutefois, les conseils d'avancement du bord pourront, après six mois au moins d'embarquement, prononcer leur réintégration à la solde entière. (*Même décret, art.* 6,)

Les dispositions pénales spécifiées en l'article précédent seront appliquées à l'armateur, et les dispositions disciplinaires du même article au patron et aux hommes de l'équipage dans les cas suivants :

1° Lorsque le bateau qui reviendra sur lest, dans un port de France, aura été, soit surpris en flagrant délit d'achat ou de tentative d'achat, soit rencontré à l'étranger, dans un port ou une rade fermée, hors les cas de nécessité ou de force majeure dûment justifiés, selon les formes qui seront déterminées par un décret.

2° Lorsqu'à partir du 1ᵉʳ octobre, et jusqu'au 31 décembre, le bateau sera surpris au-delà des cinquante-trois degrés trente-six minutes de latitude nord, hors le cas de force majeure dûment justifié. (*Même décret, art.* 7.)

Le simple refus de l'immunité des droits sera appliqué à l'égard des chargements de harengs frais ou salés, rapportés dans les cas suivants :

1° Lorsqu'il aura été constaté, soit en mer. soit dans un port étranger, soit au retour en France, que l'armement du bateau ne se trouve plus dans les conditions rappelées au livret de pêche; à moins, toutefois, qu'il ne soit dûment justifié que les objets manquants ont été perdus par suite d'accidents de mer ;

2° Lorsque le livret de pêche ne sera pas représenté, soit en mer ou à l'étranger, aux officiers de la station ou à tous autres agents autorisés à en exiger l'exhibition, soit aux commissions locales, dans les ports de retour ; lorsqu'un ou plusieurs feuillets en auront été arrachés ; qu'on y aura fait des ratures ou des surcharges, ou qu'on aura mis ces livrets dans un état de détérioration tel, que les annotations qui y auraient été inscrites seraient devenues illisibles ;

3° Lorsqu'une ou plusieurs infractions aux autres prescriptions des décrets qui interviendront en exécution du présent décret auront été commises par le patron ou l'armateur ;

4° Lorsque les engagements du patron et de l'équipage du bateau n'auront pas été faits à la part.

Dans les cas prévus par le présent article, le refus de l'immunité prononcé ne mettra pas obstacle à l'application ultérieure, le cas échéant, des pénalités édictées par les articles 6 et 7. (*Même décret, art.* 8.)

Les infractions et contraventions au présent décret et à ceux qui interviendront pour son exécution seront constatées, dans les ports de France, par les membres des commissions locales instituées en vertu de l'article 4, ou, à leur défaut, par les agents de la marine et des douanes ; en mer ou dans les pays étrangers, par les commandants, officiers, officiers mariniers et marins des bâtiments de l'État, et, à défaut de ceux-ci, par les consuls et agents consulaires de France. (*Même décret, art.* 9.)

Les rapports et procès-verbaux devront être signés. Ceux dressés dans les ports où les bateaux feront leur retour devront, à peine de nullité, être en outre affirmés dans les vingt-quatre heures de leur clôture, par-devant le juge de paix du canton, ou l'un de ses suppléants, ou par-devant le maire ou l'adjoint dudit port.

Ceux dressés en mer ou dans les ports étrangers, par des officiers mariniers et marins des bâtiments de l'État, seront affirmés dans les vingt-quatre heures de leur rentrée à bord, devant le commandant du bâtiment auquel ces officiers mariniers ou marins appartiendront.

Ceux rédigés par les agents consulaires dans les ports étrangers seront visés par le consul de la circonscription.

La formalité de l'affirmation ne sera pas nécessaire pour les rapports et procès-verbaux dressés par les membres des commissions locales, les agents de la marine et des douanes ayant rang d'officier, les consuls, commandants et officiers des bâtiments de l'État.

Dans tous les cas prévus par le présent article, les rapports et procès-verbaux feront foi jusqu'à inscription de faux. (*Même décret, art.* 10.)

Toute infraction ou contravention aux dispositions qui précèdent sera déférée, par le receveur des douanes du port de retour du bateau, au procureur impérial de l'arrondissement, et le jugement en sera attribué aux tribunaux de police correctionelle. (*Même décret, art.* 11.)

Pour la pêche dite d'*Écosse*, la constatation de l'engagement entre les armateurs, patrons et marins, ainsi que le réglement des comptes après le voyage, auront lieu en présence du commissaire de l'inscription maritime, qui veillera à l'exécution des engagements respectifs. (*Même décret, art.* 12.)

Les receveurs de l'administration de l'enregistrement et des domaines seront chargés de procéder au recouvrement des amendes prononcées pour contraventions au présent décret, ainsi qu'à la vente des cargaisons, bateaux, filets, etc., saisis.

Le produit des amendes autres que celle prévue par l'art. 12, et celui des saisies, seront attribués dans la proportion d'un tiers, à la caisse des invalides de la marine, d'un tiers au Trésor public, lequel tiers recevra la destination indiquée dans l'article 3 de l'ordonnance du 21 mai 1817, et d'un tiers aux agents qui auront constaté les contraventions (1). (*Même décret, art.* 13.)

Les procès-verbaux dressés pour contraventions au présent décret, et à ceux qui interviendront pour son exécution, seront visés pour timbre et enregistrés en débet. (*Même décret, art.* 14.)

1160. — Sont ouverts à l'importation des harengs salés de pêche française, les ports de Gravelines, Boulogne, Dieppe, Tréport, St-Valery-en-Caux, Fécamp et Courseulles. (*Décret du 7 juin* 1852.)

Les commissions permanentes formées en exécution du deuxième paragraphe de l'article 4 du décret du 28 mars 1852, seront composées de la manière suivante :

Un inspecteur des pêches nommé par le ministre de la marine,

V. pour la répartition de ce tiers, les nᵒˢ 1389 bis et 1584.

Un agent des douanes,

Un garde maritime.

Ces commissions fonctionneront sous la surveillance du commissaire de l'inscription maritime et du chef du service des douanes : elles s'assureront, avant le départ des bateaux pour la pêche, que chacun d'eux est convenablement installé, monté du nombre d'hommes d'équipage fixé, et pourvu de sel, de barils, d'ustensiles de pêche et d'avitaillement, conformément aux articles 4, 7, 8, 9, 10 et 11 du présent décret. (*Même décret, art.* 2.)

Les employés des douanes ne donneront ou ne viseront le congé du bateau que sur le vu d'un certificat de la commission locale constatant la régularité de l'armement. (*Même décret, art.* 3.)

Les quantités de sel embarquées pour la pêche dans les parages d'Yarmouth et des côtes de France ne pourront excéder 90 kilogrammes par tonneau de jauge. (*Même décret, art.* 4.).

1160 *bis.* — Tout armateur qui expédiera un bateau à la pêche du hareng sera tenu de déposer, pour chaque saison de pêche, au bureau de la marine et au bureau des douanes, une déclaration indiquant :

Les noms de l'armateur et du patron ; le nom et le tonnage du bateau ; le port auquel il est attaché ; le nombre d'hommes d'équipage, non compris le patron ; le lieu de la pêche.

La même déclaration exprimera les quantités de barils, de sel et d'avitaillement embarquées, ainsi que le nombre, la nature, l'espèce et les dimensions des ustensiles de pêche destinés à être mis à bord.

Elle contiendra aussi l'engagement de faire suivre à l'armement la destination indiquée et de ne rapporter, au retour, que des harengs provenant de pêche française.

Les agents de la marine et des douanes devront s'assurer avant de recevoir ladite déclaration si elle satisfait aux prescriptions du présent décret. (*Même décret, art.* 5.)

Tout patron de bateau devra être muni d'un livret de pêche qui sera coté et parafé conformément à l'article 224 du Code de commerce.

Les articles 6, 7 et 8 du décret du 28 mars 1852, et les articles 13, 14, 15 et 16 du présent décret, seront imprimés textuellement en tête dudit livret, qui reproduira, en outre, la déclaration exigée par l'article 5 ci-dessus.

Le livret de pêche est destiné à recevoir, indépendamment des mentions prescrites par les articles 13 et 15 du présent décret, toutes les annotations que les agents de la marine et des douanes, les consuls et agents consulaires de France, les commandants, officiers, officiers-mariniers et marins des bâtiments de l'État, jugeraient utile d'y consigner. (*Même décret, art. 6.*)

Le nombre d'hommes d'équipage de chaque bateau est fixé au minimum, non compris le maître ou patron, savoir ; pour les bâteaux

De 11 à 15 tonn., à	8 hommes.	De 45 à 47 tonn., à	17 hommes.
16 à 19 —	9 —	48 à 50 —	18 —
20 à 23 —	10 —	51 à 53 —	19 —
24 à 27 —	11 —	54 à 57 —	20 —
28 à 31 —	12 —	58 à 61 —	21 —
32 à 35 —	13 —	62 à 65 —	22 —
36 à 38 —	14 —	66 à 68 —	23 —
39 à 41 —	15 —	69 à 71 —	24 —
42 à 44 —	16 —	72 à 75 —	25 —

Au-delà de 75 tonneaux, il devra être embarqué un homme de plus pour chaque accroissement de 1 à 5 tonneaux.

Les mousses embarqués dans la proportion déterminée par l'article 2 du décret du 23 mars 1852 seront compris dans le minimum d'équipage ci-dessus fixé.

Un mousse, en sus de l'effectif réglementaire, pourra également être compris dans le minimum d'équipage pour les bateaux montés de plus de 15 hommes. (*Même décret, art. 7.*)

Tout bateau armé pour la pêche du hareng devra être muni d'un cabestan sur l'arrière avec son jeu de barres complet.

Le mât de misaine, au moins, devra être disposé de manière à pouvoir être démâté facilement chaque fois que le bateau se mettra en pêche.

Les *moulinets* seront, sinon montés, du moins ajustés et placés sous la main.

Les *parcs, cloisons* et *gardinets* pourront n'être point montés.

Les bateaux seront jaugés sans faux tillac ; toutefois, les patrons seront libres de faire établir des faux tillacs mobiles, s'ils le jugent nécessaire.

Les bateaux expédiés pour la pêche sur les côtes d'Écosse ou dans les parages d'Yarmouth pourront avoir un canot lorsque les dimensions de cette embarcation permettront de le hisser et de le maintenir à bord sans gêner la navigation. (*Même décret, art.* 8.)

Il ne pourra être embarqué sur chaque bateau plus de six barils et demi par tonneau de jauge, et seulement s'ils peuvent être tous placés dans la cale. Ces barils devront avoir des dimensions en rapport avec la contenance en poisson déterminée par l'article 16 de l'ordonnance du 14 août 1816 (n° 1487.)

Sous aucun pretexte, il ne sera toléré de barils ni sur le pont ni dans le logement de l'équipage ; il n'y aura d'exceptions que pour un ou deux barils d'eau en vidange au plus.

Il ne sera jamais embarqué de barils démontés.

Les barils remplis d'eau, de boissons ou autres objets, compteront dans le nombre ci-dessus fixé de six barils et demi par tonneau de jauge. Deux demi-barils seront admis pour un baril. (*Même décret, art.* 9.)

Il devra être mis à bord de chaque bateau :

1° Au moins 700 mètres carrés de filets par homme. Il n'en sera point exigé pour les mousses faisant partie du minimum d'équipage réglementaire, non plus que pour les matelots, novices ou mousses embarqués en sus de ce minimum.

La surface de chaque filet sera calculée, le filet étant monté, en multipliant la longueur du côté supérieur (*la fincelle*) par la longueur du bord latéral appelée *lie*, *valetet* ou *ralingue* de côté, selon les ports.

Si le filet, dans un but de fraude, n'était pas convenablement monté, on le ferait démonter ; on le mesurerait dans toute sa longueur ; on déduirait un tiers de cette longueur, et le surplus multiplié par la largeur, à raison de 1 mètre 70 centimètres par cinquante mailles, donnerait l'étendue du filet.

2° *Halins* ou *aussières*. — Il en sera embarqué une longueur totale égale au moins à celle des filets montés. Chaque *halin* ou *aussière* sera de la grosseur (8 à 12 centimètres) et de la longueur usitées dans chaque port.

Tout bateau devra être muni en outre de deux *aussières* neuves ou très bonnes, d'une longueur de 80 mètres au moins.

3° *Barils, quarts à poches* ou *bouées*. — Il en sera exigé, par homme, au moins quatre bien rabattus, goudronnés et numérotés.

4° *Bandingues* ou *martingales*. — Une de 5 mètres au moins par *quart à poche*.

5° *Bassouins*. — Un de cinq mètres au moins par filet.

Ceux des objets désignés au présent article qui seraient reconnus usés, mal confectionnés ou impropres à la pêche, seront refusés.

Il sera, en outre, embarqué sur chaque bateau 200 kilogrammes de filin neuf, ou très bon, de rechange, par 30 tonneaux de jauge, et 20 kilogrammes en plus par accroissement de 1 à 6 tonneaux. (*Même décret, art.* 10.)

Les avitaillements seront embarqués dans les proportions suivantes à bord des bateaux expédiés pour la pêche sur les côtes d'Écosse :

Biscuit, 30 kilogrammes au moins par homme ;

Beurre ou graisse, 2 kilogrammes au moins par homme ;

Cidre ou bière, 120 litres par homme ;

Eau-de-vie, 15 litres au plus par homme ;

Eau, 80 litres par homme ;

Bois, 80 kilogrammes au moins par homme ;

Chandelle ou huile à brûler, 15 kilogrammes pour le service général.

Quand il sera embarqué du charbon de terre au lieu de bois, la quantité en kilogrammes sera du tiers de celle du bois.

Quand il sera embarqué du vin au lieu de cidre ou de bière, la quantité sera inférieure de moitié.

Aucun bateau ne pourra emporter une somme de plus de 300 francs pour acquitter les dépenses à faire en cours de voyage.

Les quantités d'avitaillement ci-dessus seront réduites de moitié, à l'exception de la quantité de chandelle ou d'huile à brûler, qui restera la même, pour les bateaux expédiés à la pêche dans les parages d'Yarmouth. (*Même décret, art.* 11.)

Les bateaux de 10 tonneaux et au-dessous, qui se livrent à la pêche dite aux *warnettes*, et qui ne rapportent que du poisson frais, seront exemptés des conditions d'armement exigées par les articles 7, 8, 9, 10 et 11 du présent décret. Toutefois les commissions ins-

tituées par l'article 2, où à leur défaut, les agents locaux de la
marine et des douanes, devront s'assurer que ces bateaux sont
montés du nombre d'hommes et pourvus des ustensiles nécessaires,
selon les usages de la localité, pour faire réellement la pêche.
(*Même décret, art. 12.*)

Tout patron de bateau sortant d'un port de France, ou y rentrant,
sera tenu de présenter au receveur des douanes ou à son délégué
le livret de pêche dont il devra être muni. Le visa apposé sur ledit
livret au départ et au retour fera foi pour constater la durée de
l'absence du bateau, dans le cas prévu par l'article 3, paragraphe
numéroté 3, du décret du 28 mars 1852. (*Même décret, art. 13.*)

Les bateaux armés pour la pêche du hareng doivent se rendre
directement au lieu de leur destination, pour s'y livrer sans inter-
ruption aux opérations de la pêche.

Toute opération ou association de pêche avec des bateaux étrangers est formellement interdite. (*Même décret, art. 14.*)

Tout patron de bateau contraint par force majeure de relâcher à
l'étranger, dans un port ou une rade fermée, devra se présenter
immédiatement au commandant du bâtiment de l'Etat, s'il s'en
trouve un sur les lieux, et, à son défaut, au consul ou agent con-
sulaire français. Il fera, devant l'une de ces autorités, une déclaration orale, indiquant le nom, le tonnage et le port d'armement du
bateau, les causes de sa relâche, les relâches qu'il aurait déjà faites,
les communications qu'il aurait pu avoir en mer, l'état et la nature
de son chargement.

Cette déclaration sera affirmée par le patron, qui produira à
l'appui son livret de pêche, sur lequel ladite déclaration sera inscrite par l'autorité qui l'aura reçue.

Au moment de quitter le lieu de sa relâche, le patron sera pareillement tenu d'en faire la déclaration orale à l'une des autorités
ci-dessus désignées, et, autant que possible, à celle qui aura reçu
la première.

Cette nouvelle déclaration, qui devra être inscrite aussi sur le
livret de pêche, indiquera la date précise du départ du bateau, et,
s'il y a lieu, les achats de vivres pour ravitaillements faits pendant
la relâche, l'état et la nature du chargement. (*Même décret, art.*
15.)

Au retour des bateaux, l'armateur sera tenu de justifier de l'exécution des engagements contenus dans sa soumission.

Cette justification, lorsqu'il s'agira de harengs salés, s'effectuera au moyen d'une déclaration écrite déposée au bureau des douanes, par le patron du bateau, immédiatement après son arrivée, laquelle déclaration fera connaître le lieu, la durée et les principales circonstances de la pêche, les relâches qui auront pu être faites et les quantités de poisson pêché.

Le livret de pêche sera produit à l'appui de ladite déclaration, qui, après avoir été enregistrée et visée *ne varietur*, par le receveur des douanes ou son délégué, sera, par ses soins, remise, sans aucun retard, à la commission appelée à veiller à ce que l'immunité des droits ne soit accordée qu'aux seuls produits de la pêche nationale.

Les membres de cette commission se livreront immédiatement au contrôle des opérations du bateau. Ils procèderont notamment à l'examen de l'état de l'armement, des ustensiles et papiers de bord, ainsi qu'à celui du poisson rapporté. Au besoin, ils interrogeront le patron et les hommes de l'équipage, et, en cas de dissidence entre les membres de la commission relativement à l'origine du poisson, elle requerra, par application de l'article 4 du décret du 28 mars 1852, la nomination de deux experts jurés, qui prendront part aux délibérations.

Il sera ensuite statué par la commission, augmentée, quand il y aura lieu, des deux experts jurés, sur l'admission du chargement.

Si l'admission en franchise n'est prononcée qu'à titre provisoire, l'armateur ou le consignataire du bateau ne pourra disposer du chargement qu'après avoir souscrit un engagement conforme au modèle annexé au présent décret (1).

---

(1) **Modèle de Soumission.**

L'an......., le........

Entre nous, soussignés ......, receveur des douanes à ...... d'une part, et ......, armateur ou consignataire du bateau l ...., n° ...., de ...., patron......., d'autre part, il a été convenu ce qui suit :

Le chargement rapporté, le ...... à ......, de la pêche sur les côtes d...... par ledit bateau, et composé de .... kilog. de harengs frais ou salés, braillés ou caqués, en grenier ou en barils, etc., d'une valeur de ...... francs, est con-

2.

Avis de la décision, quelle qu'elle soit, adoptée par la commission, sera donné au receveur des douanes.

Lorsque le bateau sera exclusivement chargé de harengs frais, la déclaration du patron sera faite verbalement au chef du service local des douanes, et les investigations ayant pour but de reconnaître s'il n'a été commis ni fraude ni contravention seront effectuées, quand cela sera jugé nécessaire, soit par les commissions, soit, à leur défaut, par les agents locaux de la marine et des douanes de concert ou séparément. (*Même décret, art.* 16.)

1866. — Poudres.

Remplacer les deux premiers alinéas du n° 1202, par les dispositions suivantes :

1202. — L'introduction en France de poudres à feu sera punie des peines portées dans les lois relatives aux importations de marchandises prohibées en général. (*Décret du* 1er *mars* 1852.)

Aucune modification n'est apportée à l'art. 23 de la loi du 13 fructidor an 5, lequel prescrit le versement des poudres saisies dans les magasins des contributions indirectes et autorise la mise en répartition de la moitié seulement du produit des condamnations réalisées. (*Circ. du* 20 *mars,* n° 17.)

1867. — Préambule.

1222. — Conformément aux dispositions de la circulaires du 2

---

formément à la décision en date du ..., de la commission instituée en ce port par l'article 4 du décret du 28 mars 1852, admis provisoirement par le receveur des douanes désigné ci-dessus, à l'immunité des droits, et laissé à la libre disposition de M........

De son côté, celui-ci s'engage, conjointement et solidairement avec M......, demeurant à......., soit à réaliser entre les mains de ce receveur le paiement de la taxe d'importation sur le chargement auquel la franchise provisoire est ainsi accordée, soit à se soumettre à l'amende et à la confiscation édictées par les articles 6 et 7 du décret précité du 28 mars 1852, si, dans un délai de 45 jours, à partir de celui-ci, il est constaté qu'une fraude ou une contravention aux réglements relatifs à la pêche du hareng, a été commise par le patron ou l'équipage du bateau dont il s'agit.

A cet effet, la valeur de ce bateau, de ses agrès, apparaux et ustensiles de pêche, a été fixée, d'un commun accord, à la somme de ..... francs.

Fait double à ......, les jours, mois et an que dessus, et avons signé après lecture.

janvier 1852, le préambule dont nous avons donné le modèle doit être modifié comme suit :

L'an ......, le ......, à la requête du directeur général des douanes et des contributions indirectes, dont le bureau central est à Paris, rue de Rivoli, hôtel du ministère des finances, lequel fait élection de domicile, etc.

1868. — PRÉEMPTION. — 1824, 2ᵉ alinéa.

La préemption des marchandises autres que les laines doit être effectuée dans les vingt-quatre heures à partir de la remise de la déclaration. (*Circ. nº 987, et déc. adm. du 1ᵉʳ août* 1851.)

1224 *bis.* — Tant que la préemption n'est pas opérée, la marchandise ne peut être déplacée sans l'assentiment et hors de la présence des déclarants. (*Déc. adm. du 1ᵉʳ août* 1851.)

1227 *bis.* — Le mode de compter du produit des saisies est étendu aux préemptions ; la somme payée au déclarant pour la valeur des marchandises préemptées est comprise en dépense dans les frais de saisie et il en est justifié par la production, sur papier timbré, de la quittance de la partie prenante. (*Circ. de la comp. gén. des* 12 *déc.* 1834 *et* 15 *oct.* 1852, *nᵒˢ* 28 *et* 60.)

1229, 6ᵉ alinéa. — En cas de préemption de marchandises avariées, il n'est pas nécessaire de dresser autant de procès-verbaux qu'il y a d'adjudicataires ; mais il faut signifier le procès-verbal unique à qui de droit. (*Déc. adm. du* 19 *juil.* 1851.)

1869. — PRIMES. — 1242, 5ᵉ alinéa.

Les dispositions de la loi du 11 juin 1845, sont applicables aux savons d'huile de palme et de coco mélangés de graisses animales. (*Décret du* 14 *fév.* 1853, *circ. nº* 97.)

Supprimer les dispositions relatives aux sucres moscowades.

1870. — PROPRIÉTAIRES.

1265 *bis.* — Est réputé propriétaire de la marchandise celui au nom de qui la déclaration est faite. Aussi un tiers ne peut-il obtenir la remise de la marchandise qu'au moyen d'un transfert ou d'un pouvoir régulier déposé en douane. (*Déc. adm. du* 2 *avril* 1851.) V., du reste, *Revendication.*

1871. — Rapport. — 1275, 6° alinéa.

Les rapports doivent être rédigés à la requête du directeur général des douanes et des contributions indirectes, dont le bureau
central est à Paris, rue de Rivoli, hôtel du ministère des finances.
(*Circ. du 5 janv.* 1852, *n° 1.*) V. Préambule.

1872. — 1293, 3° alinéa. — Rébellion.

L'amende est encourue dans le cas où les préposés sont troublés,
injuriés ou maltraités, alors qu'ils se rendent au poste à eux assigné,
pour remplir leurs fonctions. Il en est de même lorsque les faits in-
criminés se sont produits après une visite de douane consommée.
(*A. de c. des 7 sept.* 1850 *et* 21 *nov.* 1851, *circ. n° 42.*)

1873. — 1313, 2° alinéa. — Recours.

Les gens de mer qui, à l'insu du capitaine, maître ou patron,
embarquent ou débarquent des objets dont la saisie constitue l'armement en frais et dommages, sont punis d'un mois à un an de
prison, indépendamment de l'amende par eux encourue à raison de
la saisie et sans préjudice de l'indemnité due à l'armement pour les
frais que la saisie a pu lui occasionner. (*Décret du* 24 *mars* 1852,
art. 71.)

1874. — Répartitions.

1344 *bis*. — Un receveur qui, par suite de transmission d'avis, a
droit à une part de saisissant, et qui se trouve en même temps dépositaire des marchandises saisies, ne peut être rétribué en cette
double qualité, il est tenu d'opter. (*Déc. adm. du* 10 *janv.* 1851.)

1345 *bis*. — Quand une saisie porte sur de la poudre à feu et
sur d'autres objets, il est établi deux répartitions distinctes. Le produit des amendes et les frais sont, en pareil cas, divisés proportion-
nellement à la valeur des marchandises de l'une et de l'autre caté-
gorie. (*Déc. adm. des* 25 *mars* 1851 *et* 14 *mai* 1852.)

1875. — 1347 *bis*. — Les surnuméraires qui concourent à une
saisie, subissent la retenue pour les retraites. (*Circ. du* 1er *juil.*
1803.)

1876. — 1351. — Remplacer le dernier alinéa par les dispositions suivantes :

La part de l'indicateur doit être calculée sur l'intégralité du produit net ; il en est de même des 17 % attribués aux retraites ; par suite, une somme de 1,000 fr. se divisera ainsi :

17 % au Trésor ....F.   170 —
Un tiers à l'indicateur .... »   333 34

Le surplus, après prélèvement des 25 % sur les parts assujéties à la retenue est divisée en 83 parties, d'après les règles rappelées au n° 1346. (*Déc. adm. du 7 mai 1849 et 4 mars 1852.*)

1877. — 1352, 2ᵉ, 3ᵉ et 4ᵉ alinéa.

Dans les saisies effectuées en mer, les capitaines de pataches ont droit, comme chefs, à une part dans les 18 centièmes. (*Déc. du 31 déc. 1819.*) S'ils sont eux-mêmes saisissants, V. le n° 1360.

Dans les saisies en mer, les capitaines de brigades ne sont admis au partage des 18 centièmes que lorsqu'ils ont réellement dirigé le service des marins. (*Déc. adm. des 5 juin et 27 nov. 1807, et du 14 janv. 1851.*)

1352. — Page 274, 2ᵉ alinéa.

Les dispositions de la circulaire n° 2356 ont eu pour but de rémunérer l'action directe et effective des intérimaires. L'administration a entendu les substituer aux droits des titulaires, alors même que ceux-ci, forcés d'interrompre leur service pour cause de maladie, n'ont pas quitté la résidence. (*Déc. adm. du 27 nov. 1851.*)

1878. — 1353, 7ᵉ, 8ᵉ, 9ᵉ et 10ᵉ alinéa.

Si le receveur subordonné est poursuivant ou devient second dépositaire, la fraction de part qui, sous l'empire des anciens réglements aurait été accordée au receveur principal, doit revenir aux 18 centièmes et profiter, dans une égale proportion, à chacun des chefs non exclus, y compris le receveur subordonné lui-même. (*Déc. du 4 juil. 1849 et du 14 nov. 1851.*)

S'il n'existe aucun autre agent à rémunérer à titre de chef, le receveur subordonné jouit de la totalité des 18 centièmes, alors même qu'il n'a été que dépositaire ou poursuivant. (*Mêmes déc.*)

Dans les saisies opérées par des militaires seuls, le receveur subordonné dépositaire, a droit à la moitié des 18 centièmes attribués aux chefs ; l'autre moitié est dévolue aux chefs militaires. (*Déc. du 4 juin 1849.*) V. le n° 1361.

Si le dépot avait lieu dans un bureau principal, la part précédemment allouée au directeur et au receveur, c'est-à-dire la moitié des 18 %, devrait profiter en totalité à la masse des saisissants. (*Déc. adm. du 4 juin 1849.*)

1879. — 1359 *bis.* — Le surnuméraire appelé à concourir à une saisie avec des employés commissionnés, a droit à une rétribution moindre que ceux-ci. (Une demi-part ou une part, selon qu'il s'agit d'une saisie de bureau ou d'une saisie en campagne). (*Circ. du 24 fév. 1806.*)

1880. — 1363, 6ᵉ alinéa. — Lorsque deux emballeurs concourent simultanément à la visite et à la saisie d'un même colis de bagages, on doit les rétribuer l'un et l'autre d'une demi-part. (*Déc. du 25 nov. 1852.*)

1881. — 1386 *bis.* — La demande d'autorisation de répartir le montant du produit des préemptions doit être accompagnée du décompte. (*Déc. adm. du 28 sept. 1852.*)

On se borne à rappeler en toutes lettres, en tête des états de répartition, la somme à partager, déduction faite du prix d'achat, des droits d'entrée et des frais. En cas de rétrocession, on ne fait mention dans le décompte, et sous le titre *montant du produit net, par suite de rétrocession au préempté*, que de la somme à répartir. (*Déc. adm. des 30 juil. 1851 et 14 janv. 1852.*)

Art. 13. — Saisie de contrefaçons d'Ouvrages d'art ou d'esprit.

1882. — 1387 *bis.* — Les amendes édictées pour importation en France d'ouvrages en langue portugaise illégalement reproduits, appartiendront, savoir :

Moitié au Trésor ;

Moitié aux capteurs.

(*Convention du 12 avril 1851, art. 9.*)

1883. — 1388, 5ᵉ alinéa. — Avant d'établir la sous-répartition, on doit s'assurer à vue du décompte formé par l'administration poursuivante si les prélèvements pour le Trésor et les retraites ont été opérés. Dans la négative, le service des douanes doit y pourvoir. (*Déc. adm. du 23 juil. 1850.*)

1884. — 1389. — Le 1ᵉʳ alinéa doit être remplacé par le paragraphe suivant.

1389. — Le tiers des amendes encourues par suite de contravention aux art. 16, 23 et 24 de l'ordonnance du 14 août 1816 sera attribué aux préposés des douanes qui auront signalé aux syndics de pêche ou constaté eux-mêmes ces contraventions. (*Décret du 6 nov. 1852 ; circ, n° 77.*)

Le tiers du produit des amendes et de celui des saisies prononcées en vertu des art. 6 et 7 du décret du 28 mars 1852 est également dévolu aux agents des douanes qui ont constaté les contraventions (*Décret du 28 mai 1852, art. 13 ; circ. n° 44.*)

1389 *bis*. — La répartition a lieu comme s'il s'agissait d'une saisie ordinaire. (*Déc. adm. du 2 janv. 1851.*)

Erratum. — 1389, 3ᵉ alinéa. — Au lieu de *lorsqu'ils auront* lisez *lorsqu'ils ont*.

1885. — 1393 *bis*, 3ᵉ et 4ᵉ alinéa.

Les chefs de l'administration des postes n'ont pas droit au partage du produit de ces sortes de contraventions ; mais si un employé de cette administration a donné des indications qui ont mis sur la voie de la fraude, il doit être rétribué d'un tiers du produit net, comme pour avis direct et sa part est soumise au prélèvement des 25 °/₀ au profit de la caisse des retraites. (*Déc. adm. des 10 fév. 1836, 1ᵉʳ oct. 1849 et 5 janv. 1850.*)

On doit comprendre au nombre des saisissants, pour la part afférente à leur grade, les agents des douanes qui ont constaté la retenue d'un paquet signalé comme suspect, aussi bien que ceux qui, après ouverture de ce même paquet au bureau des postes, dressent procès-verbal de saisie. (*Déc. adm. du 1ᵉʳ oct. 1849.*)

1886. — § 8. — *Répartition des amendes prononcées pour absence ou altération des marques sur les bâtiments ou embarcations.*

1394 *bis*. — Le cinquième de ces amendes est dévolu aux agents des douanes, lorsqu'ils ont constaté la contravention ; la répartition est effectuée conformément aux règles générales. (*Décret du 19 mars 1852, art. 11 et circ. n° 36.*)

L'allocation du cinquième ne peut excéder 25 francs pour chaque infraction. (*Même décret, art. 11.*)

1887. — Responsabilité.

T. 2, page 305, placer le n° 1407 bis avant les mots les capitaines sont responsables (12e ligne).

1407 *ter*. — Ils peuvent toutefois exercer leur recours contre les gens de l'équipage, auteurs de la fraude. (*Décret du 24 mars 1852, art.* 71). V. Recours.

1888. — Saisies-Arrêts.

1437 *bis*. — Lorsqu'une saisie-arrêt ou opposition a été faite entre les mains d'un comptable, sur le traitement d'un fonctionnaire, pour un capital déterminé et pour les *intérêts dus*, c'est au débiteur saisi à faire fixer, par l'autorité judiciaire, la somme à laquelle doit s'arrêter la retenue. (*Déc. adm. du* 13 *août* 1851.)

1889. — Saisies sur Inconnus.

1459. — Remplacer le dernier alinéa par les dispositions suivantes.

On ne doit pas comprendre, dans un même procès-verbal, des objets arrêtés et déposés dans des bureaux différents; (*déc. adm. du* 19 *oct.* 1843) ; cependant, lorsque, dans un bureau subordonné, les minuties ne sont pas assez importantes pour comporter la rédaction du procès-verbal collectif, on les réunit avec celles de la recette principale. Le rapport ne relate, dans ce cas, ni la date, ni le lieu de chaque arrestation; mais la vente doit être effectuée de manière à faire apprécier la valeur des objets provenant d'une même confiscation. (*Déc. adm. du* 21 *oct.* 1851.)

1890. — Salaisons.

1487 *bis*. — Les sels embarqués pour la pêche du hareng dans les parages d'Yarmouth seront, par dérogation aux dispositions du décret du 15 octobre 1849 (n° 1484), soumis, pour la justification d'emploi, aux dispositions des articles 48 et suivants du décret du 11 juin 1806. (*Décret du* 7 *juin* 1852, *art.* 4.)

1891. — Sels.

Remplacer les cinq premiers paragraphes de l'article 1505 par les dispositions suivantes.

Art. 1er. — Raffineries, Fabriques, etc.

1505. — Les raffineries de sels bruts dits *sels neufs*, ou de sels impurs de toute espèce et de toute provenance, les salpêtreries et les fabriques de produits chimiques dans lesquelles il se produit du sel marin, seront soumises aux dispositions des articles 5, 6, 7, 9 et 10 de la loi du 17 juin 1840. (*Lois des 17 juin* 1840, *art.* 11, *et* 17 *mars* 1852, *art.* 13.)

Les raffineries, salpêtreries et fabriques seront surveillées par les agents des douanes ou des contributions indirectes. Leur surveillance s'exercera dans un rayon de 15 kilomètres des usines (*Décret du* 19 *mars* 1852, *art.* 1er.)

Les raffineurs de sel, un mois au moins avant de commencer leurs travaux seront tenus de faire au plus prochain bureau des douanes, lorsque leurs établissements seront situés dans les 15 kilomètres des côtes ou dans les 20 kilomètres des frontières de terre, et au bureau le plus prochain des contributions indirectes, lorsque ces établissements seront situés dans l'intérieur, une déclaration de l'intention où ils seront d'entreprendre le raffinage des sels. Ils indiqueront la nature des sels (sels *neufs* ou sels *impurs*) qu'ils compteront employer.

Tout raffineur de sel qui voudra cesser de se livrer à cette industrie devra en faire la déclaration au même bureau pareillement un mois à l'avance. (*Même décret, art.* 2.)

Les raffineurs seront tenus de déclarer, au receveur de l'un ou de l'autre des bureaux mentionnés en l'article précédent, toutes les quantités de sel neufs ou impurs qu'ils introduiront dans leurs usines, et cela, au plus tard, dans les vingt-quatre heures de l'arrivée de ces sels. (*Même décret, art.* 3.)

Après reconnaissance desdits sels par les agents des douanes ou des contributions indirectes, ils seront pris en charge, savoir les sels neufs pour leur poids effectif, les sels impurs pour la quantité de sel *pur* (chlorure de sodium) qu'ils représenteront, laquelle sera évaluée de gré à gré par les raffineurs et les agents chargés de la surveillance. En cas de désaccord, elle sera réglée au moyen d'une expertise faite par les commissaires-experts institués par l'article 19 de la loi du 27 juillet 1822. (*Même décret, art.* 4.)

Les sels neufs que les raffineurs recevront dans leurs usines ne pourront provenir que des salines ou marais salants, de l'étranger ou des entrepôts. Ils devront être présentés en sacs plombés du poids uniforme de 100 kilogrammes et accompagnés d'expéditions régulières des douanes ou des contributions indirectes constatant que les droits ont été payés.

Toute quantité de sel sortant des raffineries en excédant de celles dont le paiement antérieur de l'impôt aura été justifié, ainsi qu'il vient d'être indiqué, sera passible de la taxe de consommation. En cas de fraude, le contrevenant sera, en outre, passible des peines prononcée par l'article 10 de la loi du 17 juin 1840.

Est interdite toute introduction dans une raffinerie ou ses dépendances de matières salifères autres que des sels neufs ou sels impurs proprement dits. (*Même décret, art.* 5.)

Les déficits qui seront reconnus dans les raffineries lors des recensements et inventaires seront immédiatement soumis au paiement de la taxe.

Quant aux excédants, on se bornera à les prendre en charge au compte des raffineurs, toutes les fois qu'il ne s'élèvera aucun soupçon de fraude. (*Même décret, art.* 6.)

Aucune quantité de sel ne pourra être expédiée hors de l'usine qu'en vertu d'une expédition délivrée par le receveur des douanes ou par le receveur des contributions indirectes. (*Même décret, art.* 7.)

Les agents chargés de la surveillance procèderont à des recensements, à l'effet de s'assurer de la régularité des opérations.

Ils pourront pénétrer en tout temps, même la nuit, si l'établissement est en activité, dans les ateliers et magasins ou autre locaux dépendants des raffineries.

La vérification des sels par le mesurage ou la pesée sera faite aux frais des propriétaires ou gérants, à toute réquisition des employés. (*Même décret, art.* 8.)

Les dispositions de l'article 7 de la loi du 10 mars 1819, relatives au maximum de rendement en sel (chlorure de sodium) imposé aux fabricants de salpêtre, sont modifiés ainsi qu'il suit : les quantités à prendre en charge pourront, sur la demande des fabricants, être réglées au *minimum* par un abonnement qui sera calculé d'après les quantités de salpêtre produites, et en tenant compte du mode de fabrication. (*Même décret, art.* 9.)

Les chlorures de sodium, soit purs, soit mélangés d'autres matières, obtenus dans les fabriques de salpêtre, ne pourront être admis dans la consommation, même sous le paiement de la taxe, que sur la représentation d'un certificat constatant que ces chlorures de sodium ne contiennent aucune substance nuisible à la santé publique.

Le mode de délivrance de ces certificats sera le même que celui adopté relativement aux sels dits sels marins que l'on obtient dans les fabriques de produits chimiques. (*Même décret, art.* 10.)

Toute contravention aux dispositions du présent décret sera punie des peines prononcées par l'article 10 de la loi du 17 juin 1840. (*Même décret, art.* 12.)

1505 *bis.* — Chaque fois que leurs préparations devront produire du sel marin soit pur, soit mélangé d'autres sels, les fabricants de produits chimiques devront déclarer par écrit, au bureau le plus voisin et au moins 24 heures d'avance, le jour et l'heure ou commencera et finira le travail dans leurs ateliers.

Ils seront en outre tenus d'avoir, dans l'intérieur de leur fabrique, un magasin destiné au dépôt du sel ; ce magasin sera sous la double clef de l'exploitant et des agents de la perception. (*Ord. du 26 juin* 1841, *art.* 21.)

Les quantités de sel fabriquées seront prises en charge et soumises à la taxe. (*Loi du 17 juin* 1840, *et ord. du* 26 *juin* 1841, *art.* 22.)

SELS, supprimer l'article 3, n° 1507.

1508, 3ᵉ alinéa. — Les sels bruts ou raffinés, les sels impurs et les matières salifères quelconques ne peuvent circuler dans le rayon de 15 kilomètres des fabriques de produits chimiques, sans une expédition, que les voituriers sont tenus d'exhiber à toute réquisition. (*Décret du 19 mars* 1852, *art.* 11.) V. pour l'application de cette disposition, la *circ. n°* 18.

Toute contravention est punie des peines prononcées par l'article 10 de la loi du 17 juin 1840. (N° 1506.) (*Même décret, art.* 12.)

Supprimer l'article 1521. (*Décret du 19 mars* 1852.)

1892. — SUCRES. Leur circulation dans le rayon.

Effacer les articles 1566 à 1568.

1566. — Les sucres indigènes ou exotiques, libérés ou non libérés d'impôt, les jus, les sirops et les mélasses, seront accompagnés à la circulation, d'un acquit-à-caution dans toute l'étendue de
tout arrondissement où il existera une fabrique de sucre, et dans les
cantons limitrophes de cet arrondissement.

Les cantons composés de fractions d'une même ville seront, ainsi
que les parties rurales qui en dépendent, considérés comme ne
formant qu'un seul canton. (*Loi du 31 mai 1846, art. 15.*)

Dans le rayon déterminé ci-dessus, la circulation des sucres
raffinés enlevés de tout autre lieu que d'une usine soumise à l'exer-
cice aura lieu sous *laissez-passer*.

Pourra aussi être effectuée sous *laissez-passer* la circulation des
sucres en poudre, lorsque la quantité expédiée ne dépassera pas,
pour le même expéditeur, mille kilogrammes par mois et par des-
tinataire. (*Régl. du 1er sept. 1852, art. 37, circ. n° 59.*)

Au-dessous de 20 kilogrammes, les quantités qui ne seront en-
levées ni des fabriques, ni des magasins d'un fabricant pourront
circuler sans expédition. (*Loi du 31 mai 1846, art. 15.*)

Toutefois l'enlèvement et la circulation dans le rayon frontière ne
peut avoir lieu que sous l'accomplissement des formalités voulues
par les lois et réglements de douane. (*Arr. min. du 22 oct. 1842,
circ. n° 1937.*)

1567. — Les voituriers et autres qui conduiront des chargements
de sucre, seront tenus d'exhiber, à la première réquisition des employés des douanes, les expéditions dont ils devront être porteurs.
(*Loi du 31 mai 1846, art. 18.*)

Lorsque l'acquit-à-caution ou le laissez-passer portera l'obligation de visa à un bureau des douanes, des contributions indirectes
ou de l'octroi, il deviendra nul par le défaut d'accomplissement de
cette obligation. (*Régl. du 1er sept. 1852, art. 39.*)

Tout conducteur d'un chargement de sucre accompagné d'un
acquit-à-caution délivré par la régie des contributions indirectes,
sera affranchi de l'obligation de lever un passavant pour circuler
dans les lignes soumises à la surveillance des douanes. (*Même régl.,
art. 41.*

1568. — Toute infraction aux dispositions qui précèdent, sera
punie d'une amende de 100 francs à 1,000 francs et de la confisca-

tion des sucres, glucoses, sirops et mélasses fabriqués, recelés, enlevés ou transportés en fraude.

En cas de récidive, l'amende pourra être portée au double. (*Loi du 31 mai 1846, art. 26 et même régl., art. 43.*)

Lorsque, par l'enlèvement des produits, la confiscation ne pourra être matériellement appliquée, le contrevenant sera tenu de payer, à titre de confiscation, une somme égale à la valeur desdits produits. (*Même régl., art. 43.*)

Les contraventions seront constatées et poursuivies dans les formes propres à l'administration des contributions indirectes. (*Loi du 31 mai 1846, art. 27.*)

1893. — SUITE DES AFFAIRES.

1616.—Remplacer le premier alinéa, par le paragraphe suivant :

1616. — Etat série, E, n° 71 *bis.* Des droits constatés pendant l'année précédente et qui n'ont pu être recouvrés au 1er août (cet état doit être adressé à l'administration le 25 août au plus tard). (*Circ. du 9 avril 1851, n° 2432.*)

1894. — TABACS.

1635. — Avant dernier alinéa. Les pénalités prononcées par l'article 218 de la loi du 28 avril 1816, sont également applicables en cas de détention de tabac de *cantine*, en quantité supérieure à 3 kilogrammes, dans les lieux où la vente en est autorisée et lors même qu'il serait revêtu des marques et vignettes de la régie. (*Loi du 24 juil. 1843, art. 5. T. c. n° 253.*)

1895. — TIMBRE des journaux et écrits périodiques ou non périodiques.

Remplacer l'article 1661, par les dispositions suivantes :

1661. — Les expéditeurs, introducteurs ou destinataires d'écrits périodiques et d'écrits non périodiques assujettis au droit de timbre par le décret du 17 février 1852 (articles 8 et 9) et qui seront adressés en France par une autre voie que celle de la poste, devront faire à un des bureaux de douane désignés pour l'importation des livres et écrits publiés à l'étranger, une déclaration des quantités et dimensions des écrits. L'exactitude de cette déclaration sera vérifiée par les vérificateurs inspecteurs de la librairie, ou, à défaut de ces agents, par les employés délégués à cet effet par les préfets.

Les écrits ainsi importés seront, après acquittement ou consignation des droits de douane, dirigés sous plombs et par acquits-à-caution, aux frais des déclarants, sur le chef-lieu de département le plus voisin ou de tout autre chef-lieu de département que les redevables auront indiqué, pour y recevoir l'application du timbre moyennant le paiement des droits dus. (*Décret du 1ᵉʳ mars* 1852, *art.* 23 ; *circ. nᵒ* 19.)

. A défaut de la déclaration exigée par l'article précédent, les écrits et imprimés passibles du timbre qui seront importés en France, seront retenus, selon le cas, au bureau des douanes ou à la préfecture ; la saisie en sera opérée, conformément à l'article 10 du décret du 17 février 1852, par les préposés de l'Administration de l'enregistrement, et des poursuites seront exercées pour le recouvrement des droits de timbre, et s'il y a lieu, des droits de douane, ainsi que des amendes contre les introducteurs ou distributeurs.

Les mêmes pénalités seront encourues à défaut de décharge régulière et du rapport, dans les délais fixés, des acquits-à-caution délivrés en vertu de l'article précédent ; le tout sans préjudice de l'action qui pourrait être intentée en vertu de l'article 2 du décret du 17 février 1852. (*Même décret, art.* 3.)

Les poursuites à diriger rentrent dans les attributions de l'Administration des domaines. Lorsque la contravention sera reconnue au moment de l'importation, le service des douanes se concertera avec l'inspecteur-vérificateur de la librairie pour que le receveur des domaines de la localité la plus voisine soit immédiatement informé, et les écrits inexactement déclarés seront provisoirement retenus en dépôt. Les chefs locaux auront aussi à tenir la main à ce qu'il soit donné régulièrement avis, au bureau des domaines compétent, du non-rapport en temps utile des acquits-à-caution délivrés en exécution de l'article 2 du décret, (*Circ. du* 22 *mars* 1852, *nᵒ* 19.)

1896. — TRANSACTIONS.

1676, 3ᵉ alinéa. — La recommandation faite aux receveurs de s'entendre avec les inspecteurs sédentaires, avant d'accueillir les offres faites par les contrevenants, ne doit pas être entendue en ce sens qu'il soit de devoir rigoureux pour un receveur de prendre l'attache de l'inspecteur au sujet de toutes les transactions, même de celles portant sur les affaires les plus insignifiantes. Ce que l'administration a voulu, c'est que, lorsqu'une affaire de quelque intérêt prend naissance, et que le receveur éprouve des doutes, des scrupules, sur la conclusion qu'elle comporte, il se concerte avec l'inspecteur, quand il en existe un à se résidence. (*Déc. adm. du* 21 *août* 1851.)

1676 *bis*. — Quand les affaires sont suivies de concert par le ministère public, on doit, en thèse générale, ne transiger qu'après jugement de condamnation contre le délinquant. (*Circ. du* 28 *sept.* 1852, *n°* 64.)

1897. — Transbordements.

1686 *bis*. — Tout versement de bord à bord, dans une rade ou en dehors de l'enceinte d'un port, sans un permis régulier, constitue une infraction aux articles 13 (tit. 2), 8 et 9 (tit. 13) de la loi du 22 août 1791. (*Déc. adm. du* 31 *août* 1852.)

1898. — Vente. — Page 474, ligne 14 et suivantes.

Cette même décision n'est applicable aux sucres raffinés, qu'autant qu'ils proviennent des colonies françaises et que la saisie en a été effectuée dans une douane maritime. (*Déc. adm. du* 14 *sept.* 1852.)

1899. — Voitures publiques. — *Police du roulage et des messageries publiques.*

1752 *bis*. — Cet objet a été réglé par la loi du 30 mai 1851, et le décret du 10 août 1852.

Aux termes de l'article 15 de la loi précitée, les agents des douanes sont chargés de constater les contraventions et délits qu'elle a prévus.

La législation de *l'impôt* ne les autorisant pas toutefois à verbaliser en matière de voitures publiques, ils devront, dans tous les cas verbaliser exclusivement d'après la législation de *police*. (*Circ. du* 25 *sept.* 1852, *n°* 63.)

Le modèle suivant sera consulté pour la rédaction des procès-verbaux dressés en vertu de l'article 15 de la loi du 30 mai 1851.

L'an . . . . . , le . . . . . , à la requête de M. le procureur impérial

2e SUP.   3 de l'arrondissement d....., nous soussignés ..... des contributions indirectes (ou des douanes) à la résidence de ....., y demeurant, ayant serment en justice, porteurs de nos commissions et agissant en vertu de l'article 15 de la loi du 30 mai 1851, certifions que .....

En vertu de l'article de loi précité, nous avons en conséquence déclaré procès-verbal audit sieur....., et nous étant rendus chez M....., l'un de nous (ou au bureau de .....), nous y avons rédigé le présent, pour être remis à M. le procureur impérial.

NOTA. — Le procès-verbal devra être affirmé devant le juge de paix, ou l'un de ses suppléans, ou devant le maire ou l'adjoint de la commune, *dans les 24 heures de la constatation du délit* (et non de la clôture du procès-verbal) (*Circ. c. ind. n° 300, du 25 juin 1844*).

1900. — VOYAGEURS.

1756, 2e alinéa. — La circulaire n° 1963, a annoncé l'envoi d'un avis, traduit en plusieurs langues et destiné à être communiqué aux voyageurs qui viennent de l'étranger.

Un officier ou un sous-officier du service actif, doit, avant la visite, avertir les voyageurs qu'il leur importe d'en prendre connaissance.

En cas de saisie, il est recommandé de mentionner au procès-verbal l'accomplissement des prescriptions faites à cet égard. (*Déc. adm. du 11 sept. 1851.*)

1901. — T. 2, page 491.

Modifier comme suit les trois premières lignes du modèle de procès-verbal n° 1.

L'an....., le....., à la requête du directeur général des douanes et des contributions indirectes, dont le bureau central est à Paris, rue de Rivoli, hôtel du ministère des finances, lequel fait élection de domicile au bureau de M....., y demeurant.

1902. — Page 506, 2ᵉ Vol.

Modèle à substituer à celui portant le nᵒ 9.

Nᵒ 9. — Saisie de tabac ou autres marchandises prohibées, due à l'avis d'un indicateur et suivie par un receveur principal.

———

Répartition d'une somme de 340 francs provenant savoir :

De la vente des marchandises.....................fr.   10   »
Amende, décime compris.........................   330   »

Décime..fr.   30

Aux   17 °/₀ sur la somme de 310 fr........ 52 70
Retraites 25 °/₀ sur celle de fr. 153 96 (déduction   91 19
        faite des 17 °/₀ et de la part de l'indic. 38 49

Au fonds commun 15 °/₀ 20 87
A l'indicateur, 1 tiers de l'intégralité du produit net
(310 fr.).. 103 34
18 °/₀ aux chefs, capitaine, lieutenant, etc...........   25 04
50 °/₀ aux préposés saisissants....................   69 56

        Total............................fr. 340   »

Annuler l'article 1783, 1ᵉʳ supp.

Fɪɴ ᴅᴜ ᴅᴇᴜxɪÈᴍᴇ SᴜᴘᴘʟÉᴍᴇɴᴛ.

Table des Matières

CONTENUES

Dans les deux premiers Suppléments au Répertoire du Contentieux

NOTA. — Afin d'éviter de reporter au répertoire les numéros des suppléments et de faciliter en même temps les recherches, chaque nouveau supplément contiendra une table alphabétique au moyen de laquelle les précédentes seront annulées. On n'aura jamais ainsi qu'une seule table à consulter.

Havre. — Imp. Carpentier et Ce, 23, rue de Bla...